G. Fiorini | E. Chiesa

# Team up
## MOVIMENTO, SALUTE E SPORT INSIEME

### ATLANTE INTERDISCIPLINARE con MAPPE

 marietti scuola

# INDICE

## 1 Conoscere il corpo — 3

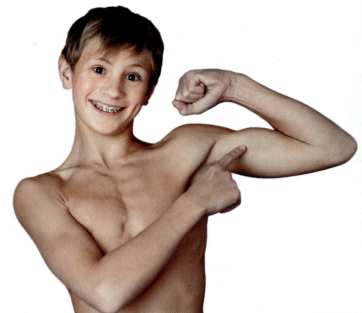

| | |
|---|---|
| Scheletro: vista anteriore | 4 |
| Scheletro: vista posteriore | 5 |
| Tipi di ossa | 6 |
| Le articolazioni mobili: le diartrosi | 7 |
| Muscolatura: vista anteriore | 8 |
| Muscolatura: vista posteriore | 9 |
| La contrazione muscolare | 10 |
| MAPPA L'apparato locomotore | 11 |
| Come funziona il cuore | 12 |
| MAPPA L'apparato cardiocircolatorio | 13 |
| L'apparato respiratorio | 14 |
| MAPPA L'apparato respiratorio | 15 |
| Il sistema nervoso | 16 |
| MAPPA Il sistema nervoso | 17 |
| L'ATP e i meccanismi energetici | 18 |

**VIDEO** Lo scheletro 6, Il muscolo scheletrico 10, Il cuore 12, La respirazione polmonare 14, Il sistema nervoso 16, Il neurone 16
**APP BIODIGITAL HUMAN™** Il corpo umano in 3D 4, 8
**ESERCIZI INTERATTIVI** 4, 5, 7, 8, 9, 16
**MAPPE INTERATTIVE** 11, 13, 15, 17

## 2 Stili di vita — 19

| | |
|---|---|
| Buone e cattive abitudini | 20 |
| MAPPA L'attività fisica | 21 |
| La piramide del benessere | 21 |
| Alimenti e nutrienti | 22 |
| Dieta sostenibile | 24 |
| MAPPA L'alimentazione | 25 |
| Il tuo peso ideale | 26 |
| Il fumo | 27 |
| L'alcol | 28 |

**ESERCIZI INTERATTIVI** 26
**MAPPE INTERATTIVE** 21, 25

## 3 Breve storia dello sport — 29

| | |
|---|---|
| LINEA DEL TEMPO Dalla Preistoria alla fine dell'Età antica | 30 |
| Dal Medioevo alla Rivoluzione francese | 32 |
| Dalla fine del XVIII all'inizio del XX secolo | 34 |
| Il XX secolo | 36 |
| Le Olimpiadi moderne | 38 |
| Lo sport e i totalitarismi | 42 |
| Lo sport e le donne | 44 |
| Le distorsioni dello sport | 47 |

**VIDEO** Olympia, la festa del regime 39
**TIME LINE** Lo sport nel tempo 30, Gli attrezzi sportivi 30
**LINK** La storia delle Olimpiadi 38

# Conoscere il Corpo

## COME SONO FATTO E COME FUNZIONO

L'organismo umano è una macchina meravigliosa in cui gli organi lavorano in stretta relazione tra loro. Per comprendere questa complessa organizzazione hai bisogno di nozioni di anatomia e fisiologia, cioè delle scienze che si occupano della forma e della struttura del corpo umano e del funzionamento dei diversi apparati.

# Scheletro: vista anteriore

Il corpo umano in 3D

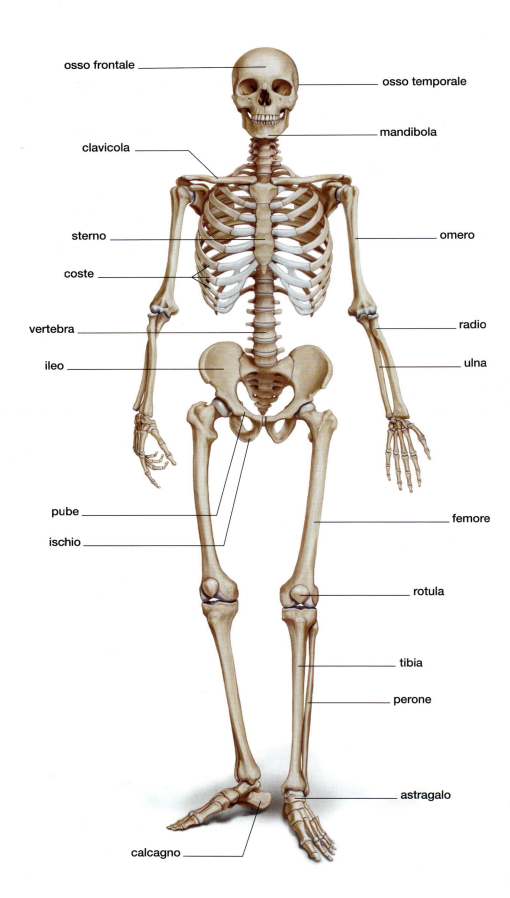

# Scheletro: vista posteriore

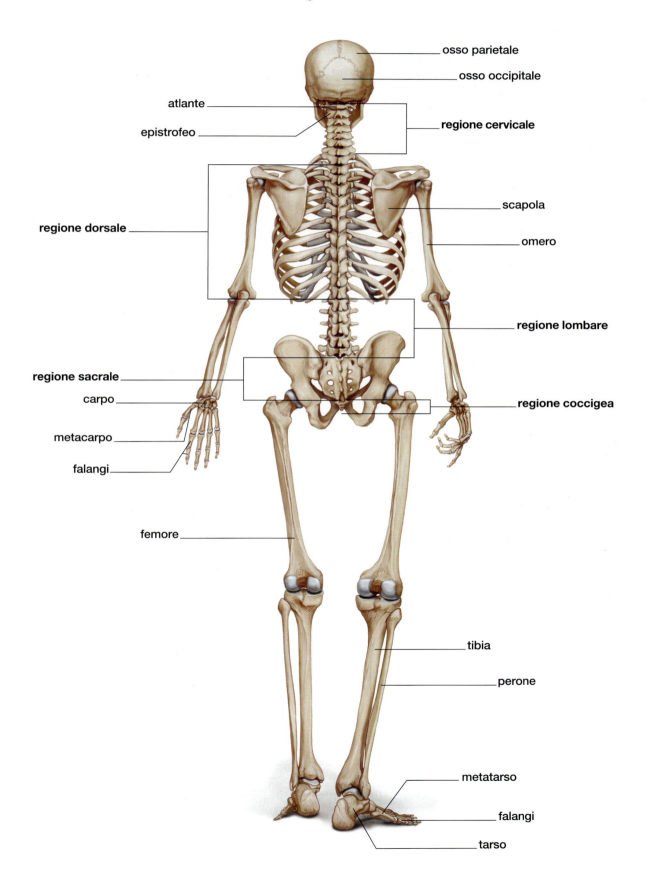

# Tipi di ossa

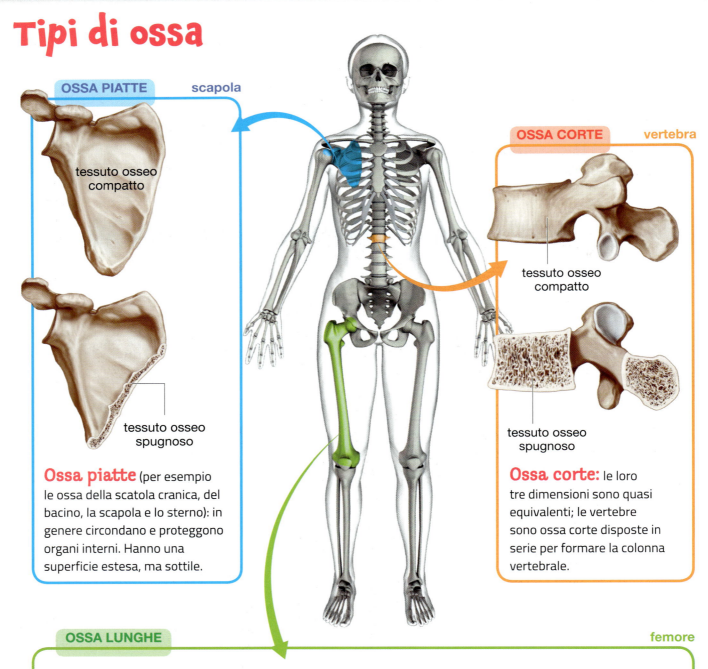

**OSSA PIATTE** — scapola

**Ossa piatte** (per esempio le ossa della scatola cranica, del bacino, la scapola e lo sterno): in genere circondano e proteggono organi interni. Hanno una superficie estesa, ma sottile.

**OSSA CORTE** — vertebra

**Ossa corte:** le loro tre dimensioni sono quasi equivalenti; le vertebre sono ossa corte disposte in serie per formare la colonna vertebrale.

**OSSA LUNGHE** — femore

**Ossa lunghe** (per esempio le ossa degli arti): sono le ossa più coinvolte nei movimenti ampi e quelle che crescono di più in lunghezza nel corso della vita. Presentano una parte centrale allungata (**diàfisi**) e due estremità tondeggianti (**epìfisi**). La superficie libera delle epifisi è rivestita da cartilagine liscia ed elastica (*cartilagine articolare*), che favorisce il movimento dell'osso nell'articolazione. Tra la diafisi e le epifisi si trova la *cartilagine di accrescimento*, che provvede all'allungamento dell'osso. L'accrescimento in spessore si deve agli osteoblasti che si trovano nel periostio.

# Le articolazioni mobili: le diartrosi

**Trocoide:** una superficie articolare cilindrica cava ruota attorno a un'altra cilindrica piena a forma di perno.
Esempio: nel collo l'articolazione fra prima e seconda vertebra cervicale.

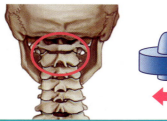

**Condiloidea:** una superficie articolare convessa di forma ovoidale si muove su una superficie concava consentendo movimenti di flesso-estensione e abduzione-adduzione.
Esempio: nel polso l'articolazione fra radio e carpo.

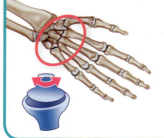

**A sella:** due superfici articolari concave s'incastrano permettendo movimenti di flesso-estensione e abduzione-adduzione.
Esempio: nella mano l'articolazione fra carpo e metacarpo del pollice.

**Troclea:** permette movimenti di abduzione-adduzione o di flesso-estensione, come un cardine che permette di aprire e chiudere una porta.
Esempio: nel gomito l'articolazione fra omero e ulna.

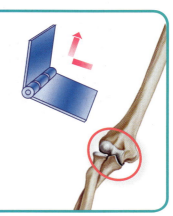

**Artrodia:** le superfici articolari piatte possono scivolare, limitatamente, in tutte le direzioni.
Esempio: nel piede le articolazioni fra le ossa del tarso.

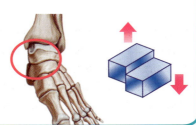

**Enartrosi:** una superficie articolare sferica ruota in una superficie articolare concava permettendo movimenti in tutte le direzioni.
Esempio: nell'anca l'articolazione fra femore e bacino.

# Muscolatura: vista anteriore

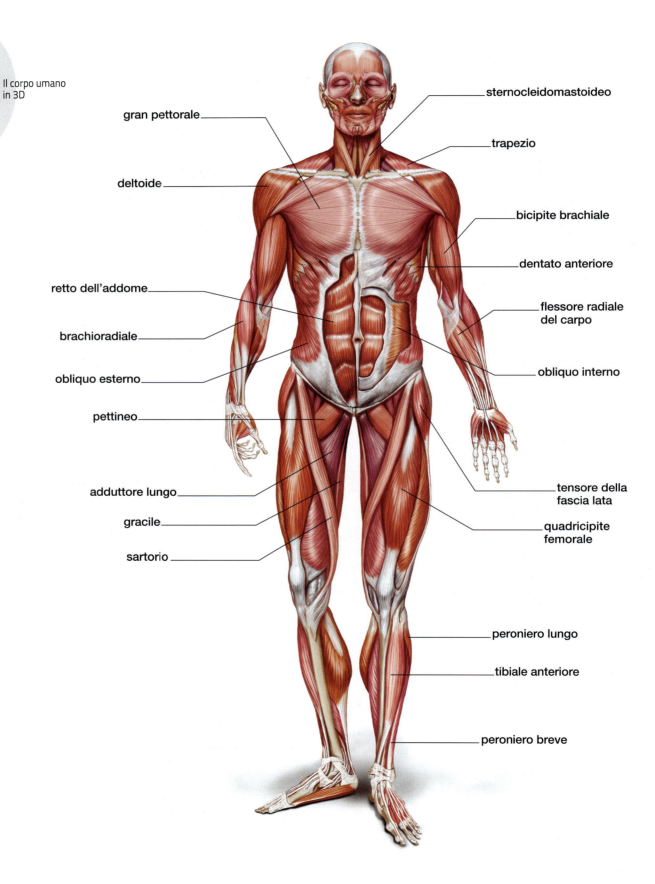

# Muscolatura: vista posteriore

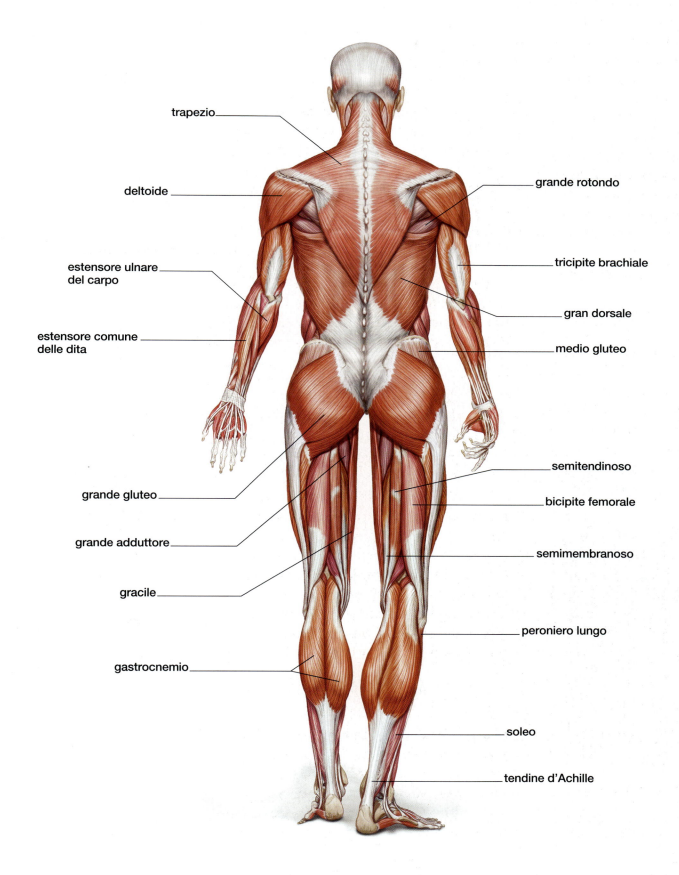

# La contrazione muscolare

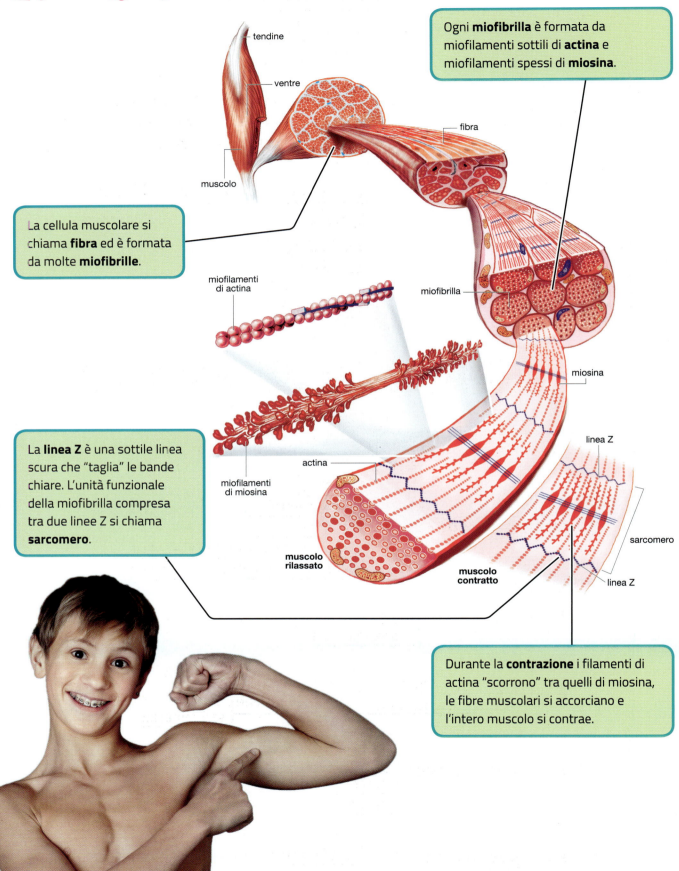

Ogni **miofibrilla** è formata da miofilamenti sottili di **actina** e miofilamenti spessi di **miosina**.

La cellula muscolare si chiama **fibra** ed è formata da molte **miofibrille**.

La **linea Z** è una sottile linea scura che "taglia" le bande chiare. L'unità funzionale della miofibrilla compresa tra due linee Z si chiama **sarcomero**.

Durante la **contrazione** i filamenti di actina "scorrono" tra quelli di miosina, le fibre muscolari si accorciano e l'intero muscolo si contrae.

# MAPPA

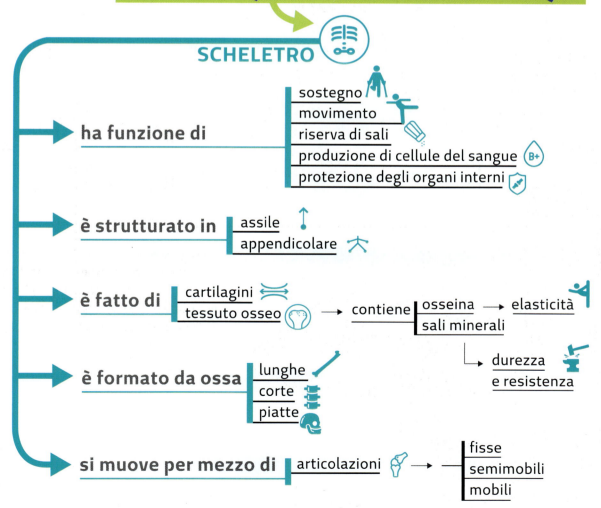

## CONOSCERE IL CORPO

# Come funziona il cuore

Il cuore è situato all'interno della cassa toracica tra i due polmoni ed è protetto dalle coste. Esso è diviso in due metà non comunicanti. In ciascuna metà si trova, sopra, l'atrio e, sotto, il ventricolo. A separare queste due cavità è la valvola tricuspide, a destra, e bicuspide o mitrale, a sinistra.

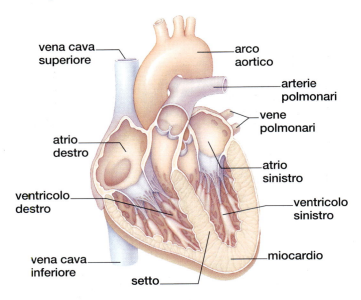

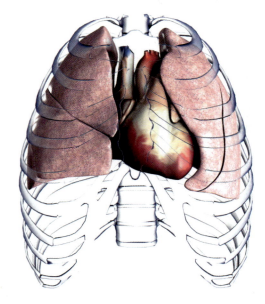

Il ciclo cardiaco è il succedersi di due fasi: la sìstole (contrazione) e la diàstole (rilasciamento).

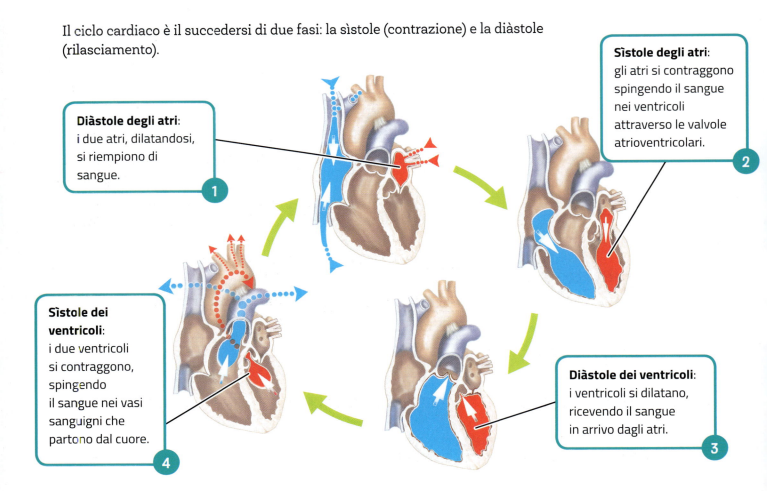

**Diàstole degli atri:** i due atri, dilatandosi, si riempiono di sangue.

**Sìstole degli atri:** gli atri si contraggono spingendo il sangue nei ventricoli attraverso le valvole atrioventricolari.

**Diàstole dei ventricoli:** i ventricoli si dilatano, ricevendo il sangue in arrivo dagli atri.

**Sìstole dei ventricoli:** i due ventricoli si contraggono, spingendo il sangue nei vasi sanguigni che partono dal cuore.

# MAPPA

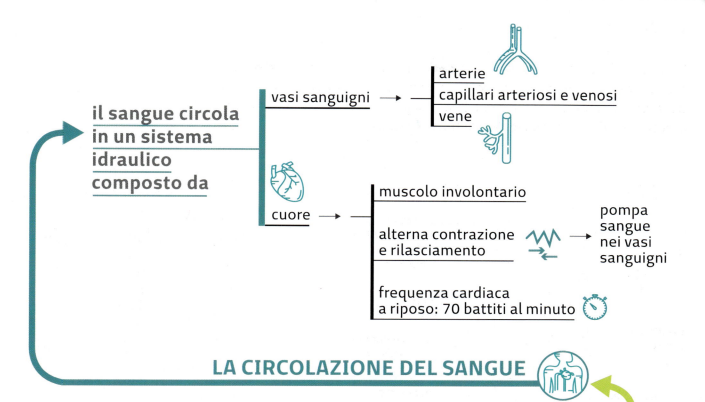

# L'APPARATO CARDIOCIRCOLATORIO

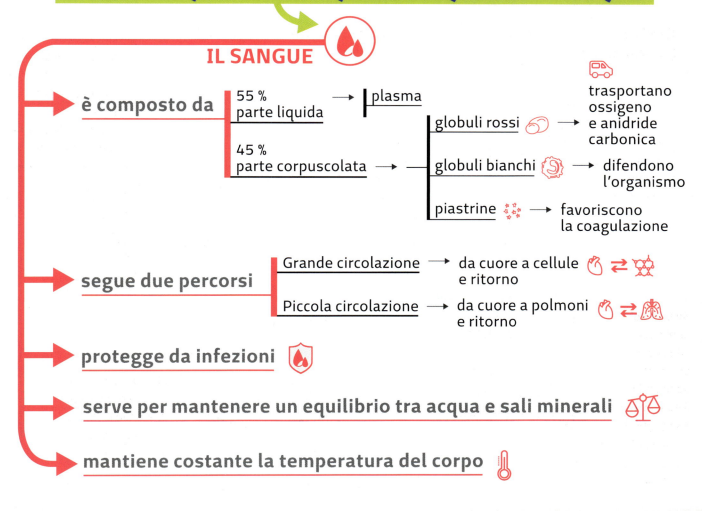

VIDEO
La respirazione polmonare

# CONOSCERE IL CORPO

# L'apparato respiratorio

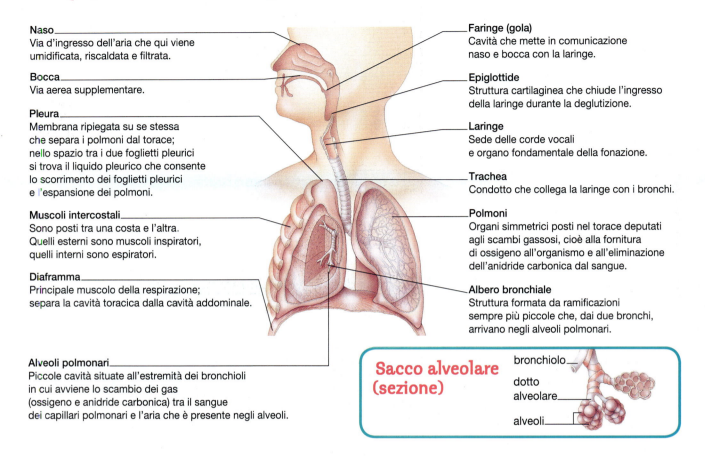

**Naso**
Via d'ingresso dell'aria che qui viene umidificata, riscaldata e filtrata.

**Bocca**
Via aerea supplementare.

**Pleura**
Membrana ripiegata su se stessa che separa i polmoni dal torace; nello spazio tra i due foglietti pleurici si trova il liquido pleurico che consente lo scorrimento dei foglietti pleurici e l'espansione dei polmoni.

**Muscoli intercostali**
Sono posti tra una costa e l'altra. Quelli esterni sono muscoli inspiratori, quelli interni sono espiratori.

**Diaframma**
Principale muscolo della respirazione; separa la cavità toracica dalla cavità addominale.

**Alveoli polmonari**
Piccole cavità situate all'estremità dei bronchioli in cui avviene lo scambio dei gas (ossigeno e anidride carbonica) tra il sangue dei capillari polmonari e l'aria che è presente negli alveoli.

**Faringe (gola)**
Cavità che mette in comunicazione naso e bocca con la laringe.

**Epiglottide**
Struttura cartilaginea che chiude l'ingresso della laringe durante la deglutizione.

**Laringe**
Sede delle corde vocali e organo fondamentale della fonazione.

**Trachea**
Condotto che collega la laringe con i bronchi.

**Polmoni**
Organi simmetrici posti nel torace deputati agli scambi gassosi, cioè alla fornitura di ossigeno all'organismo e all'eliminazione dell'anidride carbonica dal sangue.

**Albero bronchiale**
Struttura formata da ramificazioni sempre più piccole che, dai due bronchi, arrivano negli alveoli polmonari.

**Sacco alveolare (sezione)**
bronchiolo
dotto alveolare
alveoli

La respirazione polmonare permette gli scambi dei gas polmonari con l'esterno del corpo attraverso due fasi: l'inspirazione e l'espirazione.

**Inspirazione:** consiste nell'entrata di aria nei polmoni; è dovuta al fatto che la contrazione dei muscoli intercostali e del diaframma determina un ampliamento del torace. Ciò crea una "depressione" che richiama aria nei polmoni.

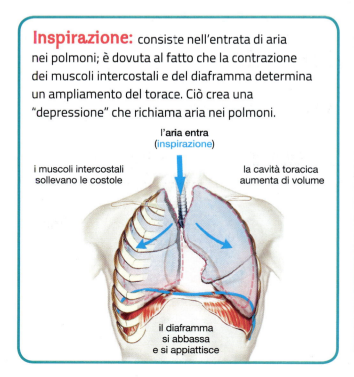

l'aria entra (inspirazione)
i muscoli intercostali sollevano le costole
la cavità toracica aumenta di volume
il diaframma si abbassa e si appiattisce

**Espirazione:** è l'espulsione dell'aria dai polmoni; è dovuta al fatto che il rilassamento dei muscoli intercostali e del diaframma porta a un restringimento del torace. Ciò spinge i polmoni a svuotarsi.

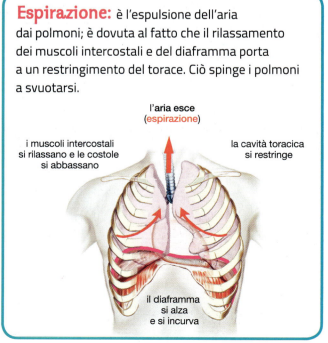

l'aria esce (espirazione)
i muscoli intercostali si rilassano e le costole si abbassano
la cavità toracica si restringe
il diaframma si alza e si incurva

# MAPPA

**GLI ORGANI DELLA RESPIRAZIONE**

## L'APPARATO RESPIRATORIO

**LA RESPIRAZIONE**

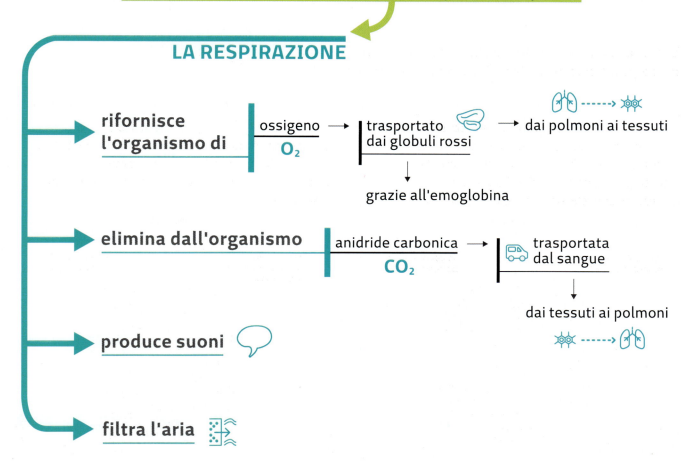

# Il sistema nervoso

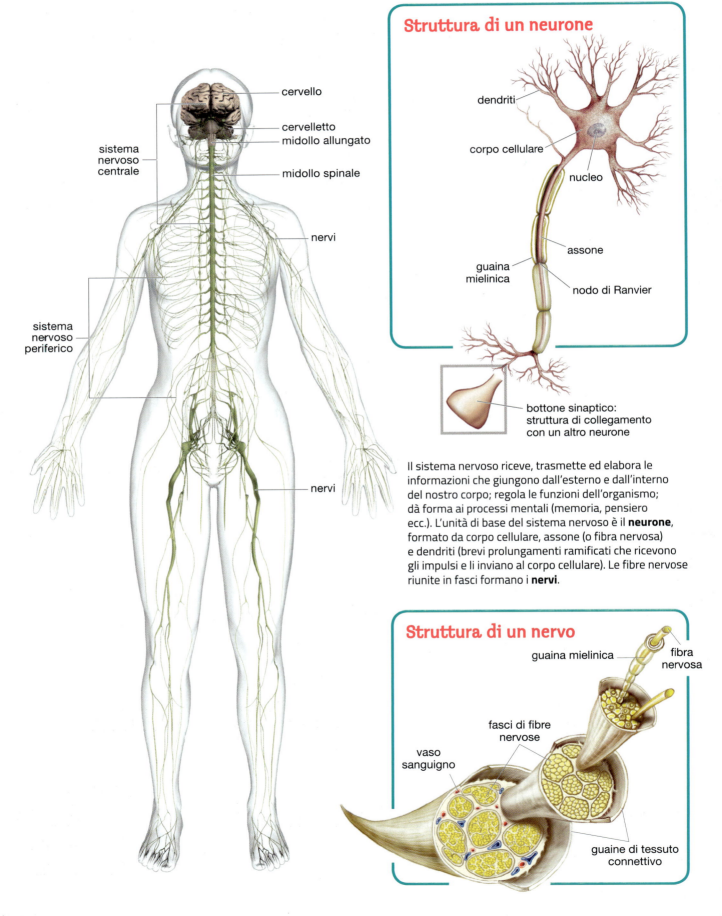

## Struttura di un neurone

## Struttura di un nervo

Il sistema nervoso riceve, trasmette ed elabora le informazioni che giungono dall'esterno e dall'interno del nostro corpo; regola le funzioni dell'organismo; dà forma ai processi mentali (memoria, pensiero ecc.). L'unità di base del sistema nervoso è il **neurone**, formato da corpo cellulare, assone (o fibra nervosa) e dendriti (brevi prolungamenti ramificati che ricevono gli impulsi e li inviano al corpo cellulare). Le fibre nervose riunite in fasci formano i **nervi**.

# MAPPA

# L'ATP e i meccanismi energetici

L'organismo non ottiene l'energia necessaria per la contrazione muscolare direttamente dagli alimenti ma dall'**ATP**, una molecola che viene continuamente prodotta per poter far fronte alle necessità del corpo attraverso tre distinti meccanismi.

## Meccanismo anaerobico alattacido

È il meccanismo di maggiore potenza, capace di produrre grandi quantità di ATP, che però si esaurisce dopo 6-8 secondi. Può essere paragonato a un **dragster**, un particolare mezzo da competizione che si esibisce in eccezionali accelerazioni su 400 m: il suo motore è in grado di esprimere una potenza elevatissima che finisce però in pochi secondi, a causa di un serbatoio di capacità estremamente ridotta.

ATP

## Meccanismo anaerobico lattacido

Il meccanismo anaerobico lattacido ricava l'ATP dalle scorte di zuccheri nel sangue, nei muscoli e nel fegato. Alla stessa stregua di un'automobile sportiva, ha un motore potente e un serbatoio di capacità tale da mantenere prestazioni molto elevate sufficientemente a lungo (1-2 minuti) prima di dover fare di nuovo rifornimento.

## Meccanismo aerobico

Utilizza l'ossigeno per ottenere ATP dagli alimenti. È il meccanismo più economico ma non è in grado di produrre ATP oltre un certo livello. Per questo può essere paragonato a una utilitaria dotata di un motore di potenza ridotta che tuttavia consuma poco e può viaggiare a lungo grazie a un serbatoio di elevata capacità.

# Buone e cattive abitudini

STILI DI VITA

## Buone

### DORMIRE BENE
Il sonno è una necessità, un momento fondamentale di rigenerazione di tutto l'organismo, in cui il cervello ricostruisce le sue riserve di energia e mette ordine fra tutte le informazioni accumulate durante la giornata.

### MOVIMENTO
L'attività motoria è essenziale per la crescita psicofisica dei ragazzi, nonché uno strumento primario per la tutela della salute in tutte le età. In particolare il movimento praticato nell'adolescenza produce benefici effetti nell'età adulta: è come creare un conto in banca a cui poter attingere quando ce ne sarà bisogno.

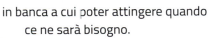

### CORRETTA ALIMENTAZIONE
Deriva dalle scelte giuste di quantità, qualità e varietà di cibi e dal modo con cui si assumono.

### COMPORTAMENTI POSITIVI
Avere rispetto di se stessi e curare le relazioni interpersonali è determinante per il benessere. Prestiamo dunque attenzione alle persone che ci stanno attorno, impariamo ad ascoltarle e a trovare spazi per un dialogo significativo a tu per tu.
Anche svolgere attività in ambiente naturale e tenere lo stress sotto controllo può aiutarci a mantenere un buon equilibrio psicofisico e farci sentire a nostro agio nei diversi contesti di vita.

## Cattive

### DORMIRE POCO
La mancanza di riposo riduce la vigilanza, la memoria e la concentrazione in modo crescente, fino a generare, se perdura, uno stato di malessere.

### SEDENTARIETÀ
Purtroppo molte delle attività che in passato spingevano i ragazzi a muoversi a piedi o in bicicletta (per esempio gli spostamenti casa-scuola) e lo spazio dedicato al gioco all'aperto oggi sono quasi del tutto assenti. Le attività settimanali in palestra non compensano la crescente tendenza alla sedentarietà, presente già nell'infanzia e nell'adolescenza.

### CATTIVA ALIMENTAZIONE
**MANGIARE TROPPO** Quando ci abbuffiamo davanti alla TV o al PC, in compagnia degli amici, a scuola, a casa, in giro.
**MANGIARE TROPPO POCO** Quando non si ascoltano i segnali che provengono dal nostro corpo. Questo ci fa sentire stanchi, spossati, senza energia.
**MANGIARE MALE** Quando consumiamo alimenti contenenti troppi grassi (spesso di qualità scadente e nocivi), zuccheri e additivi.
**MANGIARE IN FRETTA** Quando "buttiamo giù" il cibo, senza guardare, senza assaporare, masticando male... stile fast food!

### COMPORTAMENTI DANNOSI
Preferire i messaggini e i social network (Facebook, Twitter ecc.) alle relazioni reali non consente di approfondire la conoscenza e quindi l'amicizia tra le persone. Anche fumare, bere alcolici e trascorrere troppe ore davanti ai videogiochi fino a diventarne dipendenti sono comportamenti gravemente nocivi alla nostra salute e alla nostra crescita.

# MAPPA

## La piramide del benessere

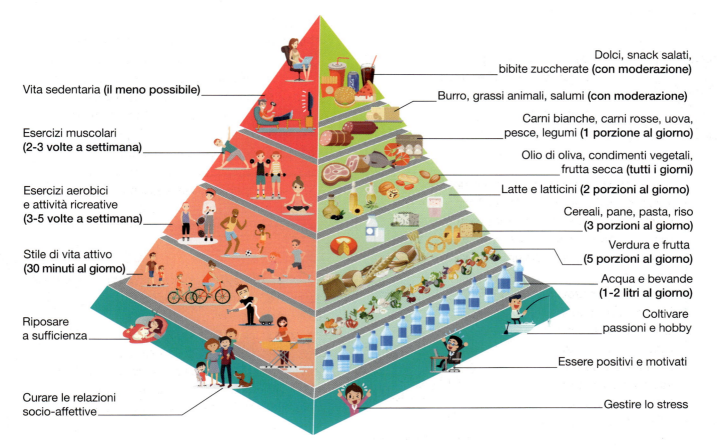

STILI DI VITA

# Alimenti e nutrienti

Il nostro corpo ha bisogno di un'alimentazione varia. Pensiamo a tutti i cibi che abbiamo assaggiato nella vita: per quanto diversi, tutti contengono al loro interno soltanto **sei principi nutritivi** che, combinati fra loro, formano gli alimenti che assumiamo giornalmente con la dieta. Alcuni principi hanno funzione energetica (zuccheri, grassi e proteine), altri (acqua, vitamine e sali minerali) svolgono compiti differenti.

## I SEI PRINCIPI NUTRITIVI

### 1. PROTEINE

Le **proteine** costituiscono circa il 18% del nostro corpo e svolgono una **funzione plastica o costruttiva**; sono i "mattoni" utilizzati per costruire, accrescere e riparare le strutture del nostro corpo e, in caso di bisogno, possono essere bruciate dall'organismo per produrre energia.

**DOVE LE TROVIAMO?**
Uova, carne, pesce, latte e derivati, legumi, frutta secca.

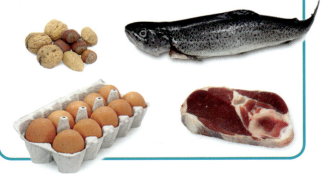

### 2. VITAMINE

Le **vitamine** sono sostanze organiche che svolgono un'indispensabile **funzione regolatrice e protettiva**. Sono necessarie al corpo in piccole quantità (nell'ordine dei milligrammi) e devono essere assunte con la dieta. Sono facilmente distrutte dal calore e da altri fattori chimici e fisici. Quindi, poiché in molti casi non resistono alla cottura, frutta e verdura vanno consumate preferibilmente crude. Vi sono diversi tipi di vitamine, ognuna delle quali svolge specifici compiti di regolazione.

**DOVE LE TROVIAMO?**
Ortaggi, frutta.

### 3. ZUCCHERI O CARBOIDRATI

I **carboidrati** costituiscono il 6% del nostro corpo e sono la **fonte di energia principale**. L'energia chimica contenuta nelle molecole degli zuccheri viene liberata facilmente, cioè è energia pronta a essere utilizzata. La quantità di zuccheri in eccesso si accumula sotto forma di grasso.

**DOVE LI TROVIAMO?**
Pane, pasta, cereali, zuccheri semplici e dolci.

## 4. GRASSI O LIPIDI

I **lipidi** costituiscono oltre il 20% del nostro corpo e hanno **funzione energetica**. Liberano più del doppio dell'energia di zuccheri e proteine, ma si tratta di una fonte a cui l'organismo non può fare ricorso in tempi rapidi, in quanto il processo per ricavare energia è più lungo. Si tratta quindi di **sostanze di riserva**. Infatti, la digestione dei lipidi è più lunga e complessa di quella dei carboidrati. Se ingeriti in eccesso, si accumulano nel **tessuto adiposo**.

### DOVE LI TROVIAMO?
Olio, burro, margarina, salumi, frutta secca.

## 5. SALI MINERALI

I **sali minerali** costituiscono l'1% del nostro corpo e hanno **funzione plastica e regolatrice** in alcuni processi (per esempio il calcio costituisce le ossa ma è anche necessario alla contrazione dei muscoli). Generalmente un'alimentazione bilanciata garantisce un apporto equilibrato di sali minerali: la carenza o l'eccessiva eliminazione di questi elementi può essere causa di stanchezza, tensione e crampi muscolari.

### DOVE LI TROVIAMO?
Ortaggi, frutta, latte.

## 6. ACQUA

L'**acqua** si assume attraverso alimenti e bevande e, in minor parte, si forma nell'organismo come prodotto finale del meccanismo aerobico di produzione di energia. Non è dunque necessario bere 3 litri d'acqua al giorno: tale quantità deve essere assunta globalmente, tenendo conto delle differenti fonti di provenienza (frutta, verdura, alimenti vari).

### DOVE LA TROVIAMO?
In quasi tutti gli alimenti.

# Dieta sostenibile

Nell'attuale sistema di produzione di cibo c'è qualcosa che non va.

**L'agricoltura utilizza**, da sola, il **70%** dell'acqua dolce mondiale  **+** e il **30%** di energia → **producendo**, in cambio, il **24%** di gas serra.

 La domanda di terra coltivabile è in crescita **eppure** **1/3** del **cibo** che produciamo viene **sprecato**

e nel pianeta **1 persona su 7** soffre la fame.

Per provare a capovolgere la situazione è necessario partire da molto vicino: da quello che ogni giorno mettiamo sulla tavola. Una dieta sostenibile è adeguata ai bisogni nutrizionali, sicura e sana, e tutela le risorse umane e naturali per le generazioni presenti e future.

## COME MANGIARE SOSTENIBILE, IN SEI PASSI

### 1 CONSUMA PIÙ VEGETALI

**Frutta e verdura** sono ricche di fibre, vitamine e minerali. Aiutano la prevenzione di alcune malattie come infarto e cancro. Inoltre hanno un impatto ambientale minore rispetto alla carne o ai derivati animali come latte e formaggio.

### 2 MANGIA MENO CARNE

La carne fornisce proteine, ferro e vitamina B. Una **quantità eccessiva di carne è però dannosa** per la salute, e il suo impatto ambientale è elevatissimo. Ridurre il consumo di carne porterebbe a una forte **riduzione dei gas serra**.

### 3 SEGUI UNA DIETA VARIA

**Diversificare la propria dieta** è il modo migliore per ottenere tutti i nutrienti di cui abbiamo bisogno. Farlo scegliendo **prodotti locali** è preferibile rispetto all'acquisto di prodotti importati e fuori stagione, che hanno un elevato impatto ambientale.

### 4 RISPETTA IL VALORE DEL CIBO

Gli **sprechi** di cibo causano la **perdita di risorse** naturali, come acqua e suolo, ma anche dell'energia usata nella sua lavorazione. Queste ricchezze vengono utilizzate per ricavare cibo che poi buttiamo, e non per sfamare le popolazioni che ne avrebbero bisogno.

### 5 COMPRA CIBO "CERTIFICATO"

Le **certificazioni** di prodotti che salvaguardano l'ambiente – cioè i riconoscimenti "ufficiali" del ridotto danno ecologico di alcuni alimenti – possono fornire la certezza che la produzione di quei cibi **rispetta l'ambiente e le condizioni di lavoro dei contadini**.

### 6 RIDUCI I CIBI GRASSI E DOLCI

**Dolci**, caramelle e bevande **forniscono** energia immediata **attraverso** gli zuccheri, ma quantità eccessive di questi alimenti sono dannose per la salute e possono **favorire lo sviluppo di malattie** come l'obesità o il diabete.

# MAPPA

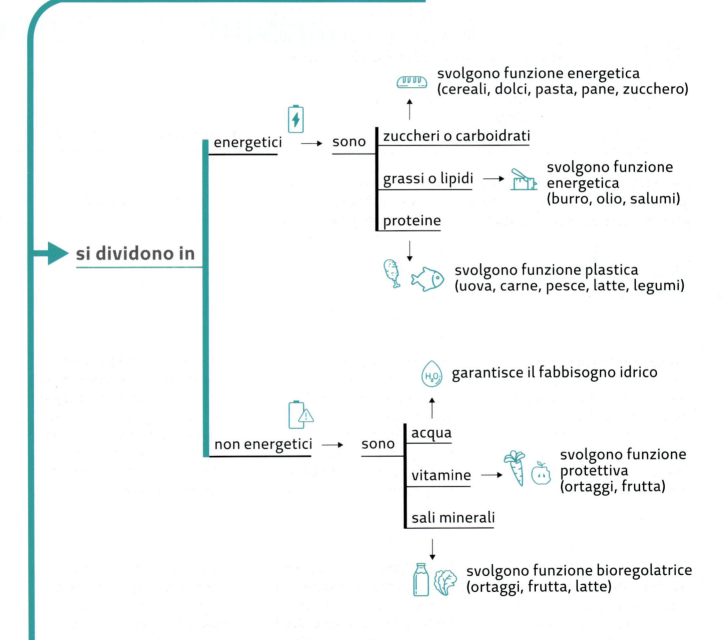

# Il tuo peso ideale

Il **peso del corpo** è la somma del peso dei tessuti muscolare, osseo e adiposo.
I primi due costituiscono la **massa magra**, mentre il terzo prende il nome
di **massa grassa**.
Il tessuto osseo, una volta completato l'accrescimento, rimane costante, mentre
la quantità di muscolo e di grasso variano influenzando il peso corporeo.

1. Per una valutazione semplice e immediata del tuo peso, puoi utilizzare l'**Indice di Massa Corporea (IMC)**. L'**IMC** è un numero ricavato da una formula che mette in relazione la tua altezza e il tuo peso. Si ottiene dividendo il peso **p** (in kg) per il quadrato della statura **h** (in metri): **IMC = p/h²**.

2.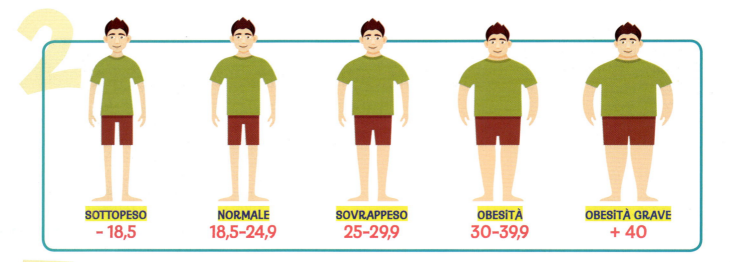

| SOTTOPESO | NORMALE | SOVRAPPESO | OBESITÀ | OBESITÀ GRAVE |
|---|---|---|---|---|
| - 18,5 | 18,5-24,9 | 25-29,9 | 30-39,9 | + 40 |

3. Prova a calcolare il tuo IMC: .................................... Ora quello dei componenti della tua famiglia: ....................

## Attenzione a interpretare correttamente l'IMC!

Un atleta con grosse masse muscolari potrebbe avere lo stesso IMC di un uomo in sovrappeso. L'IMC infatti non considera che il tessuto muscolare è più pesante e occupa meno volume del tessuto adiposo.
Anche la dimensione delle ossa influisce sul peso totale, per cui soggetti con ossa piccole peseranno meno di altri della stessa taglia ma con ossa più spesse.

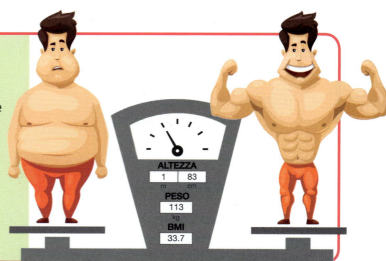

# Il fumo

## Che cos'è

Nella parte vicino al filtro si concentra il catrame, una sostanza cancerogena. Le ultime boccate sono le più pericolose.

Il fumo viene prodotto per combustione (830-880 °C) e con esso si sprigionano più di 4000 sostanze chimiche, tra cui l'ossido di carbonio. Esso si fissa all'emoglobina del sangue e si sostituisce all'ossigeno, diminuendo così la capacità respiratoria.

Il filtro riduce solo parzialmente l'assunzione delle sostanze tossiche che si sprigionano con il fumo.

La sigaretta contiene soprattutto tabacco, che è composto da una miscela di foglie. Nel tabacco ci sono molte sostanze, la più nota è la nicotina, un veleno vegetale che crea dipendenza.

## I danni del fumo

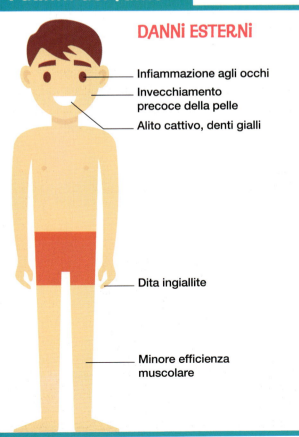

### DANNI ESTERNI
- Infiammazione agli occhi
- Invecchiamento precoce della pelle
- Alito cattivo, denti gialli
- Dita ingiallite
- Minore efficienza muscolare

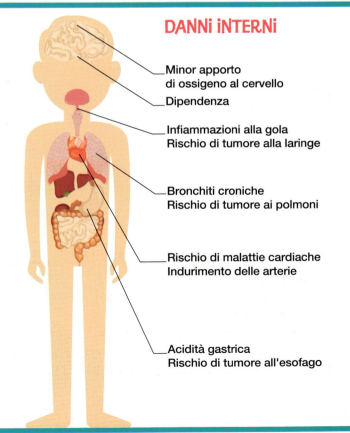

### DANNI INTERNI
- Minor apporto di ossigeno al cervello
- Dipendenza
- Infiammazioni alla gola
- Rischio di tumore alla laringe
- Bronchiti croniche
- Rischio di tumore ai polmoni
- Rischio di malattie cardiache
- Indurimento delle arterie
- Acidità gastrica
- Rischio di tumore all'esofago

# L'alcol

## Che cos'è

L'etanolo o alcol etilico è presente in percentuali diverse in tutte le bevande cosiddette alcoliche (birra, vino, cocktail ecc.)

## I danni dell'alcol

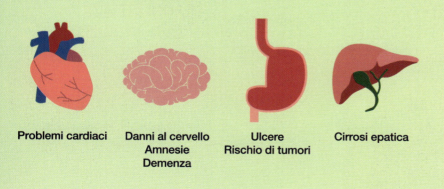

Problemi cardiaci — Danni al cervello Amnesie Demenza — Ulcere Rischio di tumori — Cirrosi epatica

Gli incidenti stradali legati all'alcol sono la **prima causa di morte** dei giovani tra i 15 e i 24 anni!

## Gli effetti immediati

Gli effetti variano a seconda della quantità assunta e quindi della concentrazione di alcol nel sangue.

**0,2-0,5 GRAMMI (G) PER LITRO (L) DI SANGUE**
Riduzione della capacità visiva, dell'attenzione, della concentrazione, e della reazione.

**0,5 G/L**
Aumento del livello di disinibizione, sovrastima delle proprie capacità.

**0,8 G/L**
Campo visivo ridotto, euforia.

**1-2 G/L**
Ebbrezza, confusione mentale, difficoltà a esprimersi e a orientarsi.

**2-3 G/L**
Stato confusionale, memoria e coscienza offuscate.

**DA 3 G/L IN POI**
Ipotermia, perdita di memoria, perdita di coscienza, possibilità di coma etilico, di arresto respiratorio e morte.

## Attenzione!

L'organismo di un 11-15enne non ha ancora raggiunto la capacità di metabolizzare l'alcol e per questo i giovanissimi sono maggiormente a rischio di gravi danni psicofisici correlati all'assunzione di questa sostanza.

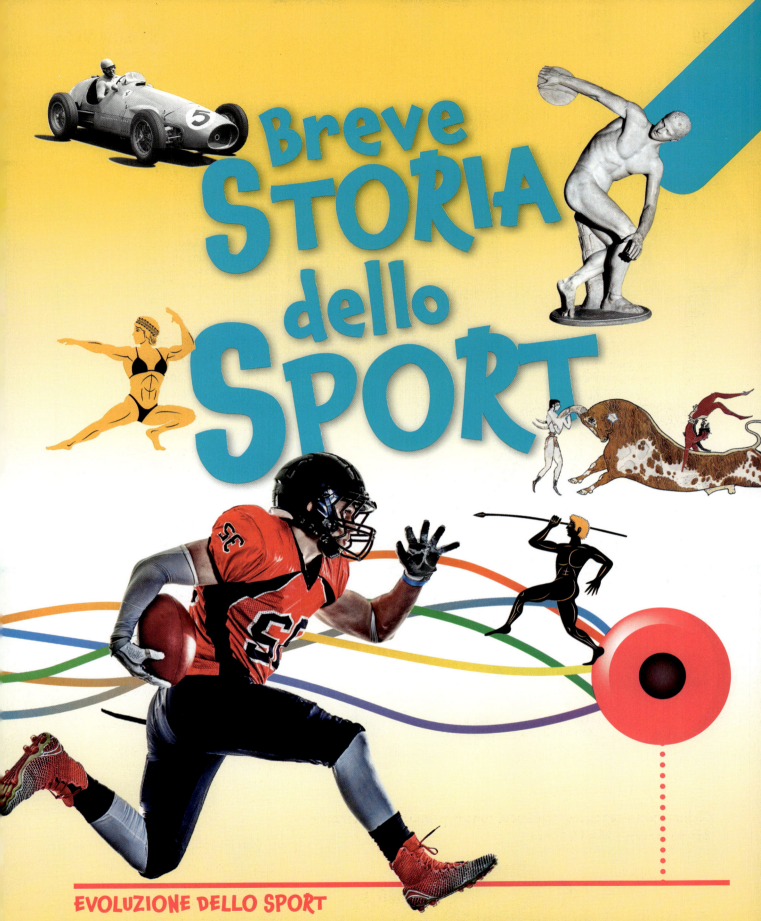

# Breve STORIA dello SPORT

## EVOLUZIONE DELLO SPORT

Lo sport esiste da quando l'umanità ha mosso i suoi primi passi e ha svolto una pluralità di funzioni: preparazione alla caccia e al combattimento, funzione diplomatica e politica, semplice divertimento per i popoli, strumento economico ecc. In queste pagine potrai seguire la sua evoluzione con un approfondimento che va dalla fine del XIX secolo ai giorni nostri.

# Dalla Preistoria alla fine dell'Età antica

**III-II millennio a.C.**
Nell'antico Egitto gli uomini (le figure in basso nel rilievo) praticano il pugilato, la lotta e la scherma con pali o bastoni, mentre le donne si dedicano a danze acrobatiche (le figure in alto).

**Preistoria**
Giochi atletici vengono praticati per allenarsi alla caccia e come rito propiziatorio. In questa pittura rupestre del Sudafrica sono visibili figure di cacciatori.

**753 a.C.**
Fondazione della città di Roma da cui si svilupperà nei secoli successivi la civiltà romana.

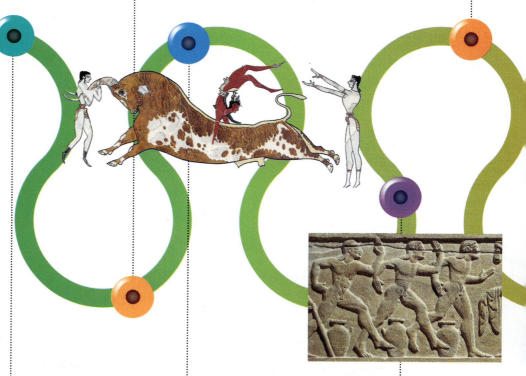

**IV-II millennio a.C.**
Presso le popolazioni mesopotamiche e gli assiri, i nobili e i guerrieri praticano corse con i carri, gare di abilità con l'arco, prove fisiche per allenarsi alla guerra.

**II-I millennio a.C.**
Epoca in cui prospera la civiltà minoica e sono molto praticati sport come il pugilato, la danza competitiva e la danza acrobatica con tori.

**776 a.C.**
Secondo la tradizione in quell'anno si tiene a Olimpia in Grecia la **prima Olimpiade**. La prima gara disputata è la corsa, a cui poi si aggiungeranno altre specialità come la lotta e il pugilato.

### VI secolo a.C.
Ogni città greca in quest'epoca è dotata di un ginnasio in cui ragazzi e uomini si allenano nelle diverse attività atletiche. Cominciano a tenersi i Giochi Pitici, i Giochi Istmici e i Giochi Nemei.

### I secolo a.C.
Nascono le prime scuole per l'addestramento dei gladiatori. La più prestigiosa si trova a Capua.

### 438 d.C.
Vengono tenuti per l'ultima volta i combattimenti tra gladiatori. Già nel 325 d.C. l'imperatore Costantino aveva vietato le lotte all'ultimo sangue.

### 46 a.C.
Giulio Cesare perfeziona la costruzione del Circo Massimo a Roma, destinato a ospitare le corse con le bighe.

### 264 a.C.
A Roma si tiene il primo spettacolo di gladiatori.

### 476 d.C.
Caduta dell'Impero Romano d'Occidente.

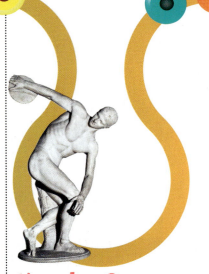

### V secolo a.C.
Età d'oro di Atene e periodo in cui gli atleti cominciano a partecipare alle Olimpiadi completamente nudi.

### 67 d.C.
L'imperatore romano Nerone indice una edizione speciale delle Olimpiadi e, con l'aiuto degli organizzatori, trionfa in sei specialità.

### 80 d.C.
L'imperatore romano Tito inaugura l'anfiteatro Flavio o Colosseo, la più grande struttura al mondo per i combattimenti di gladiatori.

### 186 a.C.
A Roma vengono organizzati i primi giochi greci a cui partecipano atleti delle varie discipline. Gli atleti nudi scandalizzano i romani.

# Dal Medioevo alla Rivoluzione francese

### XI secolo
Comincia a diffondersi il *soule*, violento gioco con la palla. Si gioca con i piedi, le mani e anche colpendo la palla con bastoni. Nella stampa è mostrato l'inizio della partita.

### Metà XIII secolo
Nei tornei la lizza, troppo pericolosa, viene sostituita dalla giostra in cui i cavalieri in armatura si affrontano con lance di legno.

### VIII-X secolo
Epoca dei duelli e delle sfide tra i guerrieri. La caccia è lo sport preferito dai nobili, come mostra questa scena di caccia al cervo.

### XII-XIII secolo
Si diffonde la pallacorda, sport antenato del tennis, ma è principalmente l'epoca d'oro della falconeria.

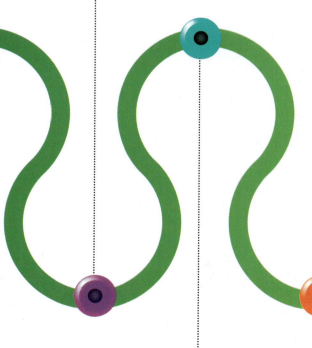

### X secolo
Finisce l'alto Medioevo e inizia il basso Medioevo.

### Inizio secolo XII
Si diffonde la pratica del torneo cavalleresco. I cavalieri si affrontano nella lizza, vero e proprio combattimento tra due schieramenti.

### XIII secolo
Comincia a diffondersi nella penisola Iberica la pelota.

### 1260
Nasce il Palio di Siena, una tradizione che giunge ai giorni nostri.

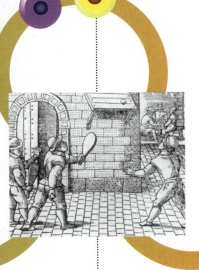

### XVI secolo

In Inghilterra nasce il termine *sport*. In origine indicava le attività ricreative in generale. Nel dipinto è visibile una partita di *Jeu de paume* o pallacorda.

### 1762

Viene pubblicato il trattato *Émile* dell'illuminista Jean-Jacques Rousseau. Al suo interno si afferma l'importanza dell'educazione fisica tra le discipline scolastiche.

### 1492
Scoperta dell'America. Finisce il Medioevo, inizia l'Età moderna.

### XVI-XVII secolo
Epoca d'oro del duello con la spada.

### Secolo XIV
Compaiono le prime, rudimentali racchette da tennis.

### Secolo XV

Con l'Umanesimo rinasce l'attenzione per l'attività fisica come mezzo per garantire benessere e salute. Inizia l'epoca d'oro del calcio fiorentino.

### 1744

Nascita del golf moderno. Qui è ritratto William St. Clair di Roslin, fondatore della Company of Gentlemen Golfers.

### 1789
Scoppia la Rivoluzione francese.

# Dalla fine del XVIII all'inizio del XX secolo

### Fine Settecento
Si impone la corrente filosofica del Filantropismo. Lo sport viene considerato un modo per superare le differenze sociali. In questa riproduzione alcuni bambini si esercitano nel cortile di un *philanthropinum* (scuola nella quale l'esercizio fisico ha un ruolo educativo fondamentale).

### 1823
Nasce il rugby moderno. L'invenzione viene attribuita a uno studente di una scuola inglese, William Webb Ellis.

### 1861
Unità d'Italia. Nasce a Torino la prima scuola pubblica per maestri di ginnastica.

### 1829
In Danimarca viene introdotta l'obbligatorietà dell'educazione fisica a scuola.

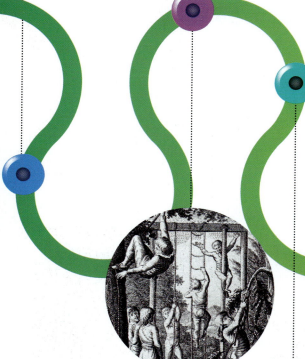

### 1815
Finisce l'età di Napoleone.

### Inizio Ottocento
In Danimarca viene fondato il primo *gymnasium* moderno. Vengono introdotti gli attrezzi tipici della ginnastica moderna: la sbarra, il cavallo con maniglie, la spalliera, il quadro svedese.

### Metà Ottocento
L'inglese Richard Lindon inventa la palla rotonda con camera d'aria in caucciù. Si sviluppa il concetto di *fair play* nello sport.

### 1857
Viene fondato lo Sheffield Football Club, considerato il primo club di calcio del mondo.

35

**1863**
Nasce in Inghilterra la Football Association, la prima federazione calcistica nazionale del mondo.

**1898**
Nasce il campionato italiano di calcio.

**1900**
A Parigi le donne partecipano per la prima volta alle Olimpiadi: anche se in competizioni non ufficiali, gareggiano a tennis, croquet, vela e golf. La tennista inglese Charlotte Reinagle Cooper diventa la prima campionessa olimpica.

**1878**
Viene introdotta nelle scuole italiane l'obbligatorietà dell'educazione fisica.

**1896**
Si tengono ad Atene le **prime Olimpiadi moderne**.

**Fine Ottocento**
Lo sport da attività riservata all'aristocrazia comincia a diffondersi tra i ceti popolari.

**1877**
Nasce il torneo tennistico di Wimbledon.

**1903**
Nasce il Tour de France, considerata la gara ciclistica più importante del mondo.

**1909**
Nasce il Giro d'Italia, la più importante gara ciclistica italiana.

# Il XX secolo

**1910**
Debutta la nazionale italiana di calcio.

**1914-1918**
Prima guerra mondiale.

**1922**
L'americano Johnny Weissmuller è il primo uomo a nuotare i 100 metri stile libero in meno di un minuto.

**1924**
Si tengono le prime Olimpiadi invernali.

**1930**
In Uruguay si tengono i primi campionati mondiali di calcio.

**1933**
Nel pugilato Primo Carnera è il primo italiano a diventare campione mondiale dei pesi massimi.

**1936**
Nelle Olimpiadi di Berlino Ondina Valla è la prima donna italiana a vincere una medaglia d'oro ai Giochi Olimpici.

**1939-1945**
Seconda guerra mondiale.

**1948**
A Londra si tengono le prime Olimpiadi dopo la guerra.

**1968**
L'americano Jim Hines è il primo uomo a correre i 100 metri piani in meno di 10 secondi.

**1984**
Nascono i Giochi Paralimpici.

**1989**
Cade il Muro di Berlino.

**1956**
Cortina ospita le Olimpiadi invernali.

**1950**
Nasce il campionato mondiale di Formula 1.

**1960**
Si tengono le Olimpiadi di Roma.

**1999**
Nasce la WADA (Agenzia Mondiale Anti-Doping).

# Le Olimpiadi moderne

## La rinascita con i Giochi di Atene

Le Olimpiadi furono la più prestigiosa manifestazione sportiva dell'antichità e vennero organizzate per più di un millennio (dal 776 a.C. al 393 d.C.) a Olimpia, in Grecia.
Verso la fine del XIX secolo Pierre de Coubertin (1863-1937), intellettuale aristocratico francese, si propose di riportare in vita le Olimpiadi antiche con due obiettivi: dare rilievo allo sport come strumento di pace e fratellanza e, contemporaneamente, allenare una nuova generazione di giovani che riscattasse l'impreparazione fisica dimostrata dall'esercito francese nella guerra franco-prussiana.
Per l'organizzazione dei nuovi Giochi venne istituito nel 1894 il **CIO – Comitato Olimpico Internazionale** – e la massima latina *citius, altius, fortius* (ossia "più veloce, più alto, più forte") venne scelta come motto per esortare gli atleti a dare il loro meglio.
Dopo oltre quindici secoli di assenza, nel 1896 vennero aperti i Giochi di Atene, con la partecipazione di **250 atleti** in rappresentanza di **13 Paesi**: tra questi fu ammesso un solo italiano, Antonio Rivabella, che gareggiò nel tiro a segno.
Evento culminante di questa prima edizione delle Olimpiadi moderne fu la maratona, vinta dal greco Spyridon Louis in poco meno di tre ore.

## Le discipline delle prime Olimpiadi moderne

Le gare erano riservate agli atleti dilettanti e quindi erano esclusi tutti coloro che venivano pagati per fare sport agonistico (i cosiddetti professionisti). Unica eccezione venne riservata ai maestri di fioretto nelle gare di scherma.
Le competizioni di questa prima edizione dei Giochi comprendevano sia sport della tradizione classica come l'atletica, la lotta e il lancio del peso, sia sport più moderni come il ciclismo e il tennis. Tra le prove di abilità si disputarono gare di tiro a segno con carabina e pistola, mentre tra le prove di forza il sollevamento pesi e la lotta greco-romana, ma non venne ammesso il pugilato, considerato uno sport poco nobile.
Tra gli sport più popolari, praticati soprattutto dalle classi medio-basse, vennero inserite gare di ciclismo, sia su pista sia su strada, di ginnastica e di nuoto.
Gli sport di squadra, come il cricket, il rugby e il calcio non previsti dal programma dei Giochi, si giocarono in alcune partite non ufficiali a margine dell'evento.
Il regolamento escludeva categoricamente la partecipazione delle donne, che cominciarono a partecipare alle Olimpiadi a partire dall'edizione del 1900.

## La fiaccola olimpica rimane accesa

Al successo dei Giochi Olimpici di Atene del 1896 seguirono due edizioni fallimentari: le Olimpiadi di Parigi (1900) e di Saint Louis (1904), organizzate come eventi a margine di due grosse fiere commerciali che si tennero nelle due città in quegli anni: rispettivamente l'Exposition Universelle e la Louisiana Purchase

Nella prima edizione delle Olimpiadi moderne i ginnasti tedeschi vinsero 5 gare su 8 e in quella della trave a squadre furono addirittura gli unici a partecipare.

# LE OLIMPIADI MODERNE

Dorando Petri al termine della maratona alle Olimpiadi di Londra del 1908.

Exposition. Furono i Giochi di Londra del 1908 a restituire alle Olimpiadi dignità e prestigio, segnando di fatto il vero inizio delle Olimpiadi moderne. Fu un'edizione ben organizzata, in cui le competizioni si protrassero da aprile a ottobre del 1908. Eroe di quell'Olimpiade fu un italiano, Dorando Petri. Era un garzone di fornaio originario di Carpi; durante la maratona riuscì a staccare largamente tutti gli avversari, ma in prossimità del traguardo, stremato per lo sforzo compiuto, cadde a terra e fu aiutato a rialzarsi da un giudice di gara. Questo aiuto gli valse la squalifica, ma la sua impresa conquistò l'ammirazione di tutti e la vittoria morale della competizione.

## La guerra e poi le Olimpiadi invernali

Nell'antichità, per permettere la celebrazione delle Olimpiadi, venivano sospese le guerre tra le città greche. Non fu così con l'edizione del 1916, assegnata a Berlino e cancellata a causa della Prima guerra mondiale. Si riprese nel 1920 ad Anversa in Belgio e negli anni Venti le Olimpiadi furono un evento sportivo in grado di calamitare l'attenzione del pubblico. Le città cominciarono a fare a gara per organizzarle. Nel 1924 si decise di tenere nella città francese di Chamonix anche la prima edizione delle Olimpiadi invernali, in cui si sfidavano i campioni degli sport della neve.

Olimpiadi estive e invernali si celebrarono nello stesso anno fino al 1992. Dall'edizione invernale di Lillehammer del 1994 si tengono, invece, a distanza di due anni le une dalle altre.

## La politica entra nei Giochi: Berlino 1936

Negli anni Trenta le Olimpiadi erano diventate un evento di risonanza mondiale, come mostrò l'edizione del 1936 organizzata a Berlino, capitale della Germania nazista. Per i Giochi fu inaugurato un immenso nuovo stadio che poteva ospitare oltre 110 mila spettatori e per amplificare al massimo le imprese degli atleti tedeschi, i nazisti effettuarono riprese dell'evento con decine di cineprese. Nacque così il film *Olympia* della regista Leni Riefenstahl, grande celebrazione della potenza del Reich tedesco. Le Olimpiadi berlinesi del 1936 non furono solo la più riuscita autocelebrazione della potenza nazista, ma anche il palcoscenico sportivo delle ideologie razziste e antisemite di Hitler: gli atleti ebrei furono espulsi dalle organizzazioni sportive tedesche e fu loro impedito di competere con atleti ariani. La Germania hitleriana ottenne grandi successi, anche se offuscati dalle imprese dell'atleta afroamericano Jesse Owens, che riuscì a conquistare ben quattro medaglie d'oro nell'atletica: vinse nei 100 metri, nei 200 metri, nella staffetta e nel salto in lungo. Fu un vero e proprio schiaffo per Hitler.

Jesse Owens taglia il traguardo nella gara dei 100 metri alle Olimpiadi di Berlino.

## Le Olimpiadi dopo una nuova guerra

Le devastazioni della Seconda guerra mondiale portarono alla cancellazione dei Giochi previsti nel 1940 e nel 1944. La prima edizione delle Olimpiadi del Dopoguerra si tenne a Londra nel 1948, all'insegna dell'austerità in un'Europa economicamente e psicologicamente prostrata dalla guerra. Vi parteciparono 59 Stati. Numerosi gli assenti: i Paesi aggressori della Seconda guerra mondiale - come Germania e Giappone - non furono, infatti, ammessi alle Olimpiadi, con la sola eccezione dell'Italia; neppure Unione Sovietica, Romania, Bulgaria e il neonato Stato di Israele parteciparono ai Giochi per rinuncia volontaria dettata da motivazioni prettamente politiche.

## La Guerra Fredda e le Olimpiadi

La rinuncia russa alla partecipazione ai Giochi di Londra 1948 segnò un passo decisivo nella formazione di due fronti antagonisti, quello sovietico e quello americano e filoamericano, contrapposti nella cosiddetta Guerra Fredda, che per oltre mezzo secolo caratterizzerà il mondo sportivo, ma soprattutto quello politico ed economico. Dalle Olimpiadi di Helsinki del 1952, anno in cui l'Unione Sovietica si presentò per la prima volta ai Giochi Olimpici, a quelle di Seoul del 1988 - svoltesi un anno prima della caduta del Muro di Berlino e del rapido disfacimento del blocco sovietico - il confronto USA-URSS fu sempre molto acceso, catalizzando l'attenzione dei partecipanti e degli spettatori delle Olimpiadi.

## La Cina e le Olimpiadi che cambiano

Una rigorosa selezione, severi allenamenti e l'ombra del doping erano alla base dei successi (in particolare nel nuoto) di una nuova superpotenza dello sport, che iniziò a emergere a partire dalla seconda metà degli anni Ottanta: la Cina. Dopo una prima partecipazione alle Olimpiadi di Helsinki 1952, il gigante asiatico era sparito dalla scena sportiva internazionale poiché i principi del comunismo cinese rifiutavano l'attività fisica nella sua forma agonistica. Quando nel 1984 a Los Angeles gli atleti cinesi si ripresentarono sul palcoscenico olimpico, dopo un'assenza di oltre trent'anni, stupirono pubblico e sportivi per il pacato spirito competitivo e la completa mancanza di animosità nei confronti degli avversari.

L'avvicendarsi di diverse nazioni nella supremazia sportiva non fu però l'unico cambiamento che interessò il mondo delle Olimpiadi nei decenni finali del Novecento. Già abbiamo visto come gli originari ideali di fratellanza e pace promossi dalle prime edizioni delle Olimpiadi furono progressivamente soppiantati, già a partire dagli anni Cinquanta, da una bellicosa competitività. Il medagliere dei Giochi Olimpici divenne una sorta di bollettino di guerra e le medaglie vinte diventavano il simbolo di vittoria o sconfitta di sistemi politici ed economici, prima che sportivi.

## Più che lo sport contano gli sponsor

Con il procedere degli anni Ottanta, un nuovo cambiamento cominciò a realizzarsi: il mondo dello sport e i suoi eventi, proprio per la capacità di attirare gli interessi e le passioni di platee sterminate di spettatori, divennero la cassa di risonanza per martellanti messaggi pubblicitari.

Pietro Mennea conquista l'oro nella gara sui 200 metri alle Olimpiadi di Mosca del 1980.
Dopo l'analisi del fotofinish, la vittoria venne aggiudicata a l'atleta italiano per soli due centesimi di secondo sul britannico Alan Wells.

# LE OLIMPIADI MODERNE

Il centenario delle Olimpiadi moderne si celebrò ad Atlanta, città del principale sponsor dell'evento: la Coca-Cola.

Nel 1996 si celebravano i 100 anni dei Giochi Olimpici, ma la sede prescelta per questo anniversario non fu, come si sarebbe potuto pensare, Atene - città dove la storia dei Giochi aveva avuto inizio - bensì Atlanta.
Perché la scelta cadde su un'anonima cittadina americana? Perché lì aveva sede la Coca-Cola, tradizionale sponsor olimpico.
Tale scelta sembrò ai più la fine degli ideali olimpici a favore di un più pragmatico materialismo.
Atlanta cambiò volto alle Olimpiadi anche attraverso l'apertura totale al professionismo: a sfruttare le nuove regole furono soprattutto il ciclismo e il tennis, mentre il calcio preferì continuare a utilizzare rappresentative giovanili per non appesantire i calendari e proteggere così le prestazioni nei campionati mondiali.

## I Giochi Paralimpici

Nati ufficialmente a Roma nel 1960, disputati in concomitanza con la XVII Olimpiade, i Giochi Paralimpici permisero ad atleti con diverse disabilità di scendere in campo e confrontarsi in discipline come il nuoto, il tennistavolo, il tiro con l'arco, l'atletica leggera e la scherma. A questa prima edizione parteciparono 400 atleti disabili in carrozzina in rappresentanza di 21 nazioni, ma la partecipazione andò crescendo nel tempo, soprattutto dopo il riconoscimento ufficiale da parte del CIO a partire da Los Angeles 1984. Da allora i criteri di qualificazione divennero più selettivi e le performance degli atleti paralimpici sempre più vicine a quelle degli atleti olimpici. Attualmente il movimento paralimpico mondiale è gestito e coordinato dall'IPC, International Paralympic Committee, del quale fanno parte ben 161 Comitati Nazionali Paralimpici.

L'handbike è un mezzo speciale per la pratica della corsa o della bici per chi non ha la funzione degli arti inferiori.

# Lo sport e i totalitarismi

Tra la fine dell'Ottocento e gli inizi del Novecento lo sport divenne un fenomeno di massa. Sempre più persone lo praticavano e le imprese dei campioni del ciclismo, del pugilato e del calcio infiammavano le folle. Questo interesse assunse una piega del tutto peculiare nell'Italia fascista, nella Germania nazista e nell'Unione Sovietica stalinista. I regimi totalitari, infatti, intuirono e sfruttarono il forte potenziale dello sport come strumento di propaganda sul piano internazionale, ma anche come mezzo di controllo sociale e creazione del consenso.

Parata di 4000 ginnasti allo Stadio Nazionale di Roma nel 1930. Gli atleti fanno il saluto romano mentre passano davanti alla tribuna dove si trova Benito Mussolini.

Il segretario del Partito fascista, Achille Starace, si esibisce durante una manifestazione atletica dei Federali al Foro Mussolini nel 1938.

## Lo sport fascista

Il primo a comprendere l'efficace uso politico e sociale dello sport fu Benito Mussolini (1883-1945), che riuscì a legare a sé gli strati popolari utilizzando lo sport per una progressiva familiarizzazione ai valori di una comune coscienza nazionale. Comprese, per esempio, la capacità di presa sulle folle del calcio. Per questo motivo scelse di organizzare nel nostro Paese i Mondiali di calcio del 1934, vinti proprio dalla nostra nazionale. Sempre Mussolini capì quanto lo sport potesse migliorare l'immagine del Paese oltre confine, distogliendo nel contempo la cittadinanza dal porsi domande sull'effettiva democraticità del fascismo e dalla crisi economica che, nei primi anni Trenta, colpiva l'Italia. Il governo fascista, inoltre, individuò nell'evento sportivo il momento di massima espressione dell'organizzazione sociale. Mussolini curò l'istituzione della grande **Opera Nazionale Balilla** (ONB), nella quale giovani dagli 8 ai 18 anni venivano avvicinati ai valori politico-ideologici del fascismo, attraverso attività fisiche strutturate in modo da rinsaldare una gerarchia militare. L'ONB ebbe il compito di provvedere all'educazione fisica dei giovani, ai quali, attraverso la pratica sportiva, impartiva una formazione fondata sull'ordine, la disciplina e la gerarchia. Vero e proprio decalogo della concezione fascista dello sport fu la **Carta dello Sport**, un documento in dieci punti emanato nel 1928 per regolare ogni aspetto della vita sportiva e riorganizzare le diverse associazioni, ponendole sotto il controllo del regime.

# LO SPORT E I TOTALITARISMI

## La Germania di Hitler

A differenza di Mussolini, Adolf Hitler (1889-1945) non nutriva alcun tipo di interesse per lo sport, anzi lo disprezzava per i suoi aspetti ludici, ma quanto realizzato dal dittatore italiano fece comprendere al Führer le potenzialità di una buona organizzazione sportiva.

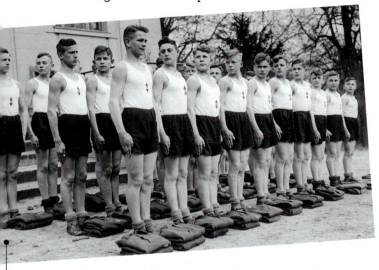

Ragazzi in un Istituto di Educazione Nazionalpolitica per l'addestramento dei cadetti militari (1935 circa).

Lo sport nazista si suddivise in tre comparti, non dissimili dall'impostazione fascista. Lo sport agonistico venne sottoposto al rigido controllo del *Reichssportführer*, l'equivalente tedesco del CONI italiano. Lo sport giovanile, invece, venne affidato totalmente all'*Hitlerjugend* ("Gioventù Hitleriana") che riproponeva i meccanismi della formazione totalitaria proposta dall'ONB. Infine, lo sport non competitivo per le masse lavoratrici venne gestito dal movimento *Kraft durch Freude* ("forza attraverso la gioia") che si ispirava chiaramente all'OND (Opera Nazionale Dopo Lavoro) voluta da Mussolini per inquadrare in attività sportive anche gli adulti.
Per l'organizzazione delle Olimpiadi di Berlino del 1936, Hitler non badò poi a spese, volendo trasformare l'evento nella celebrazione della potenza della Germania nazista. Le Olimpiadi berlinesi rappresentarono un vero e proprio trionfo per i totalitarismi fascisti. Il medagliere del 1936 vide assegnare 89 medaglie al Reich Tedesco, tra cui 33 ori, 56 medaglie agli Stati Uniti (24 ori) e ben 22 medaglie alla piccola Italia fascista, tra cui 8 ori.

## Lo sport diventa sempre più una questione politica

Negli stessi anni in cui le dittature fasciste d'Europa utilizzarono lo sport come strumento per poter infondere la propria ideologia nazionalista, il Partito comunista dell'URSS sfruttò il potere di integrazione (anche forzata) esercitato dallo sport e dall'attività agonistica, vero e proprio collante per uno Stato multinazionale come l'Unione Sovietica. Dopo la Seconda guerra mondiale lo sport divenne un terreno privilegiato per mostrare al mondo la superiorità degli atleti sovietici rispetto a quelli del resto del mondo, in particolare agli americani. Era, infatti, l'epoca dello scontro aperto tra USA e URSS, le due superpotenze mondiali. Le Olimpiadi divennero teatro di grandi sfide tra americani e russi per ottenere la vetta del medagliere e spesso fu l'URSS a primeggiare grazie una precisa strategia basata sul dilettantismo di Stato. Era un sistema che assicurava agli atleti l'accesso gratuito alle strutture sportive e l'assistenza medica di alto livello. Inoltre essi erano supportati da cospicue borse di studio che permettevano ai giovani più dotati di dedicarsi a tempo pieno agli allenamenti, senza però infrangere le regole olimpiche che vietavano il professionismo.
La strategia messa in atto dal governo sovietico per favorire la pratica sportiva e formare atleti sempre più prestanti, in grado di fare incetta di medaglie, fu adottata anche dalla maggior parte degli Stati gravitanti nell'orbita sovietica come Bulgaria, Romania, Cecoslovacchia e, soprattutto, Germania dell'Est.

Alle Olimpiadi di Monaco 1972 la nazionale USA di basket, dopo 7 ori, fu sconfitta dagli storici avversari sovietici.

# Lo sport e le donne

## Le donne e lo sport: una conquista del Novecento

Per molto tempo l'attività sportiva e ancora di più lo sport agonistico sono stati riservati agli uomini. Già nella Grecia classica, per esempio, era vietato alle donne partecipare alle Olimpiadi e solo a Sparta veniva concesso alle ragazze di allenarsi e praticare le discipline sportive. In generale si pensava che lo sport fosse deleterio per le ragazze e le distogliesse dai loro doveri futuri: essere madri, mogli e donne di casa. Inoltre, l'attività sportiva era vista come un pericoloso ambito in cui il corpo femminile poteva mettersi in mostra e questo era considerato immorale e contrario ai principi che dominavano un tempo la società.

## Niente Olimpiadi o quasi

Queste concezioni discriminatorie portarono così alla esclusione delle donne anche dalle prime Olimpiadi moderne nel 1896. In quell'occasione venne stabilito che le donne dovevano essere bandite dal programma olimpico perché la loro partecipazione sarebbe stata poco pratica, priva di interesse, scorretta e antiestetica. Non molto diversamente andavano le cose in ambito non agonistico. Nel 1867 presso la **Reale società ginnastica di Torino** venne aperta una scuola statale per la formazione delle maestre di ginnastica. Le allieve si allenavano dovendo indossare lunghi e ingombranti gonnelloni e quando ottenevano l'abilitazione erano guardate con sospetto e ricevevano stipendi ben più bassi dei colleghi maschi. Fortunatamente negli anni a cavallo tra fine Ottocento e inizi Novecento si stavano facendo sempre più attivi i movimenti per l'emancipazione femminile e le donne cominciarono ad acquisire alcuni diritti fondamentali, come quello di voto. Vennero quindi ammesse alle Olimpiadi, anche se solo in alcune discipline considerate spiccatamente femminili come il golf e il tennis. La partecipazione femminile ai Giochi Olimpici rimase a lungo bassissima, tanto che la percentuale di donne partecipanti superò il 10% del totale degli atleti solo nel 1952 a Helsinki.

## Regimi e sport al femminile

Le dittature che presero il potere dopo la fine della Prima guerra mondiale videro nello sport allargato alle donne un modo per mostrare al mondo forza e potenza. Anche le donne furono incluse nel progetto sportivo fascista. Organizzate in **Piccole Italiane** (dai 6 ai 12 anni) e **Giovani Italiane** (dai 12 ai 18 anni) si allenavano duramente, si esibivano in coreografici saggi

Allieve della scuola istituita presso la Reale società ginnastica di Torino.

Cento metri femminili alle Olimpiadi di Amsterdam 1928.

## LO SPORT E LE DONNE

ginnici e sfilavano in parata per dimostrare le doti femminili di future donne forti che **sanno dare figli di robusta costituzione e razza più pura alla famiglia e alla Patria.**
Per l'addestramento delle donne, il regime approntò un'organizzazione femminile complementare e parallela a quella maschile dei Balilla, ma questo processo di "**mascolinizzazione**" non piacque alla Chiesa cattolica che vi vedeva il pericolo di future generazioni distratte e allontanate dai doveri familiari. Anche a causa di questi contrasti, alle Olimpiadi di Parigi del 1926 parteciparono solo 3 italiane (in una squadra composta da 200 uomini) e nessuna a Los Angeles 1932. Il riscatto ci fu nel 1936 alle Olimpiadi di Berlino, quando le donne italiane ottennero brillanti risultati, tra cui l'oro di **Ondina Valla** nella corsa ostacoli, medaglia che però sui giornali non ebbe la stessa enfasi dei risultati ottenuti dagli uomini della nazionale.

Ondina Valla.

### La seconda metà del Novecento

Lo sport femminile ebbe un grande sviluppo dopo la Seconda guerra mondiale, di pari passo alla progressiva caduta di molti tabù nei confronti del sesso femminile. Durante il conflitto mondiale le donne avevano sostituito gli uomini richiamati alle armi in molti ruoli e in molte attività, dimostrando che tanti pregiudizi non potevano essere tollerati. La partecipazione femminile allo sport agonistico aumentò in maniera esponenziale a partire dagli anni Cinquanta del Novecento e nacquero campionati ed eventi aperti alle donne in quasi tutte le discipline, anche in quelle considerate territorio esclusivo degli uomini, come il calcio e gli sport da combattimento. Rimanevano però molte discriminazioni riguardo agli ingaggi delle atlete e rispetto ai premi ricevuti nei grandi eventi. A questo riguardo, fondamentale fu la battaglia condotta nel tennis da grandi campionesse come Billie Jean King. A partire dagli anni Settanta del Novecento le tenniste ottennero gli stessi premi degli uomini nei principali tornei e questo successo aprì la strada a una maggiore parità economica nello sport professionistico.

### Verso la parità olimpica

I Giochi di Londra del 2012 rappresentano un vero momento di svolta per lo sport femminile perché sono stati i **primi nei quali tutti i 205 Paesi aderenti hanno schierato almeno una donna tra le fila degli atleti**. La vera rivoluzione ha riguardato i Paesi islamici: nella capitale britannica hanno gareggiato per la prima volta sportive provenienti da Qatar, Brunei e Arabia Saudita. Un tale cambiamento è motivato dalla più stretta osservanza della **Carta Olimpica che prevede l'esclusione dai Giochi per quei Paesi che praticano qualsiasi tipo di discriminazione**. Così oggi le donne possono anche concorrere in tutte le discipline, compresi gli sport da combattimento.

#### Le donne alle Olimpiadi

| | | |
|---|---|---|
| 1904 | Parigi | 0,94% |
| 1924 | Parigi | 4,39% |
| 1928 | Amsterdam | 9,38% |
| 1936 | Berlino | 8,32% |
| 1952 | Helsinki | 10,56% |
| 1976 | Montreal | 20,77% |
| 1996 | Atlanta | 33,98% |
| 2012 | Londra | 43,40% |
| 2016 | Rio de Janeiro | 47,81 |

## Sport ma non per tutte

La grande partecipazione alle Olimpiadi più recenti rappresenta un importante risultato per le donne, ma non ha eliminato del tutto il problema della discriminazione di genere nello sport.
In molte aree del mondo, soprattutto le meno sviluppate, l'attività fisica e sportiva rimane una prerogativa riservata agli uomini. Questo accade anche in quei Paesi dove esiste una rigorosa separazione tra i sessi, come in alcune nazioni dove vengono applicati rigidamente i dettami della legge islamica. Differenze nell'accesso all'attività fisica sono però presenti anche in Europa, come attestato dai dati.
I giovani fisicamente attivi sono all'incirca il 53% dei ragazzi e il 43% delle ragazze a 11 anni; il 50% dei ragazzi e il 37% delle ragazze a 13 anni; il 43% dei ragazzi e il 28% delle ragazze a 15 anni.
Le differenze sono importanti anche fra i diversi Paesi per tutte e tre le classi d'età: i ragazzi di 11 anni fisicamente attivi passano, per esempio, dal 37,9% della Federazione Russa all'80,2% dell'Irlanda e le bambine della stessa età passano dal 23,8% del Portogallo al 71,4% della Finlandia.

## Le sportive nell'Italia di oggi

L'attività sportiva coinvolge meno le donne degli uomini anche in Italia. Se fino ai 5 anni le bambine che praticano sport sono più dei maschi, dopo gli 11 anni il dato cambia: continua a fare sport oltre il 70% dei ragazzi, ma meno del 60% delle coetanee. L'abbandono dell'attività agonistica nel periodo cruciale tra i 19 e i 24 anni riguarda poi il 12% dei maschi e ben il 19% delle atlete donne. Queste differenze si accentuano con il progredire dell'età a mano a mano che si vanno a guardare i dati riguardanti chi pratica sport a livello agonistico: si ha, infatti, solo il 27,2% di presenza femminile nelle Federazioni sportive nazionali e Discipline sportive associate. Lo sport agonistico rimane quindi un settore poco ambito dalle donne, che si devono confrontare con maggiori difficoltà rispetto ai colleghi maschi. Le varie federazioni, infatti, riservano meno risorse alle atlete, che inoltre non possono neppure contare su ingaggi pari agli uomini.

I tornei olimpici femminili di calcio si disputano dai Giochi di Atlanta del 1996.

Kariman Abuljadayel è stata la prima donna dell'Arabia Saudita a correre i 100 metri ai Giochi olimpici di Rio 2016.

# Le distorsioni dello sport

## Vincere a tutti i costi

Sport è sinonimo di salute e benessere psicofisico, però è inutile nascondersi come, soprattutto a livello professionistico, conti tantissimo il risultato. L'atleta vuole soprattutto vincere, primeggiare. Più vince, più diventa famoso, ottiene ingaggi più alti e gli sponsor sono disposti a investire sulla sua immagine. Per questo gli atleti, soprattutto oggi, mirano a essere sempre al top della forma, in particolare in occasione di quegli eventi che garantiscono fama e visibilità mediatica: Olimpiadi, campionati mondiali delle varie discipline. Questo meccanismo, che premia più di tutto risultati e performance da record, porta spesso chi pratica sport professionistico verso il superamento dei propri limiti, anche a costo di correre seri rischi per la salute. Stiamo parlando della pratica del doping, cioè l'assunzione di sostanze o il ricorso a pratiche mediche per migliorare le proprie prestazioni a tutti i costi.

## Il doping, una piaga antica

Si tratta di una vera e propria piaga che accompagna lo sport moderno in tutta la sua storia. Si comincia, infatti, a parlare di doping nel 1850 per indicare le attività illegali degli allevatori di cavalli per vincere i concorsi ippici. Il passaggio agli esseri umani fu breve e già in una sei giorni ciclistica del 1879 i corridori usarono caffeina, zucchero disciolto in etere e altre bevande a base di alcol e di nitroglicerina per cercare di aumentare la portata cardiaca e ottenere migliori prestazioni. Risale al 1886 la prima morte attestata ufficialmente per abuso di sostanze stupefacenti nella storia, quando durante la competizione ciclistica Bordeaux-Parigi un corridore morì stroncato dal cocktail di droghe somministrategli dal suo allenatore. Nel 1904 l'americano Thomas Hicks vinse poi la maratona alle Olimpiadi grazie alle iniezioni di stricnina che gli praticò il suo allenatore. Bisogna tenere presente che molte sostanze oggi considerate dopanti non erano un tempo proibite e venivano spesso minimizzati i rischi per la salute degli atleti. I controlli erano in pratica inesistenti anche nelle manifestazioni più importanti, tanto che i test antidoping furono introdotto nei Giochi Olimpici solo nel 1968 e riguardavano solo poche sostanze.

## Il doping di Stato

Un caso limite nel campo del doping fu, tra gli anni Settanta e Novanta del Novecento, quello della DDR, Repubblica Democratica Tedesca. Con l'obiettivo di esportare all'estero l'immagine di una nazione tedesca sana e in costante sviluppo, nella Germania dell'Est gli atleti appena adolescenti erano costretti ad assumere, a loro insaputa, sostanze dopanti: soprattutto steroidi e anabolizzanti. Il risultato di tale politica furono le 144 medaglie d'oro olimpiche vinte dagli atleti della Germania dell'Est fra il 1972 e il 1988. Furono soprattutto le donne a riscuotere i maggiori successi, con una percentuale di vittorie altissima, in particolare nell'atletica dove in questi anni si aggiudicarono una media di tre ori su quattro. Il prezzo pagato per questi successi fu, però, altissimo: molti degli atleti coinvolti in questo programma di potenziamento morirono prematuramente o riportarono gravi danni fisici e psichici.

Alle Olimpiadi di Monaco 1972 la Germania dell'Est totalizzò 66 medaglie, posizionandosi al terzo posto nel medagliere olimpico. Nella foto le atlete tedesche festeggiano la vittoria nella staffetta 4 x 400.

## La nascita dell'Agenzia Mondiale Anti-Doping

Non si deve pensare, purtroppo, che il problema del doping sia rimasto circoscritto entro i confini della Germania dell'Est. A risvegliare le coscienze e mettere sotto i riflettori questo fenomeno furono, in particolare, le Olimpiadi di Seul del 1988 con la clamorosa squalifica di Ben Johnson. L'atleta canadese aveva tagliato per primo il traguardo dei 100 metri piani, una delle gare più importanti del programma olimpico, ma perse la medaglia e fu squalificato perché risultò positivo all'assunzione di sostanze dopanti. Quello di Johnson non fu il primo caso di doping tra gli atleti, ma ebbe una forte risonanza mediatica e mise in evidenza un sistema sportivo ormai malato che inseguiva il miglior risultato a qualunque costo. La parola doping entrò a far parte del linguaggio comune e si cercò di invertire la tendenza e proporre nuovi modelli di sport e competizione più positivi. Il Comitato Olimpico Internazionale e le federazioni sportive nazionali collaborarono a questo scopo e nel 1999 diedero vita all'Agenzia Mondiale Anti-Doping (WADA), per sviluppare programmi di controllo e prevenzione del doping atletico.

L'atleta canadese Ben Johnson taglia per primo il traguardo dei 100 metri a Seoul 1988.

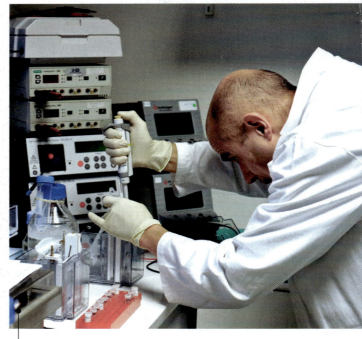

Un tecnico di laboratorio prepara un campione di sangue da analizzare per verificare l'eventuale assunzione di EPO.

## Uno sport sempre più estremo

Sono aumentati i controlli, si ha maggiore coscienza dei rischi di determinate pratiche però il mondo dello sport e i suoi eventi, proprio per la capacità di attirare l'interesse e la passione di platee sterminate di spettatori, sono divenuti oggi ancora più ostaggio del marketing e degli sponsor che chiedono sempre di più agli atleti. Inoltre lo sport muove ancora più interessi economici grazie alle scommesse, legali e illegali, che ormai ruotano attorno a ogni evento, grande o piccolo che sia. Inutile quindi nascondersi come oggi il problema del doping riguardi non solo gli atleti olimpici: purtroppo, infatti, questa pratica si è diffusa in modo più o meno capillare in tutti gli sport - dal ciclismo, al calcio, al nuoto per arrivare alle gare di bocce! - coinvolgendo non solo i professionisti, ma anche dilettanti e amatori. Negli anni sono inoltre cambiate le modalità di doping e si fa ricorso a sostanze e procedure - come quella delle autotrasfusioni e del doping legato all'ingegneria genetica - sempre più evolute. Per questo la battaglia contro le distorsioni che affliggono il mondo dello sport è ancora totalmente aperta.